कहीं दूर जाकर...
दम तोड़ने का मन होता है

काव्य संग्रह

सौमित्र

ISBN

Paperback 979-8-89026-365-0
Hardcase 979-8-89066-902-5

"I used to be an atheist until I realized I was God."- जिद्दू कृष्णमूर्ति

"उस ईश्वर को

जिसे मैं

बना कर भूल गया

उन क्षणों में-

जिनमें मैंने

प्रार्थना भी नहीं की"

गोपाल दास नीरज, बिल ब्रिट, पार्थसारथी राजगोपालाचारी, दीपक चोपड़ा तथा श्री श्री रविशंकर की

उन अगाध बातों को, जिनसे मुझे शांति तो मिली पर फिर मैं निराश भी हुआ कभी कभी

मेरी कविताओं को अपनी समयातीत आवाज़ देने के हरीश भिमानी जी को तथा

पथ के छायादार वृक्ष-रवींद्र और ममता कालिया, हरी भटनागर, रामजी पांडे, तथा यश मालवीय जी को सादर समर्पित

असमय चले गए संतोष और अखिलेश मामा, तथा अनीता मौसी को

सासु माँ शैल श्रीवास्तव, और उन सभी को जिन्हें कोरोना महामारी ने हमसे छीन लिया

मम्मी-पापा, मालविका, दीदी जीजू, मोनू पारुल, कुहू, पीहू, पाखी, शाश्वत, कान्हा, और अद्वैत को ढेर सारे प्यार के साथ।

Vincent (1853-1890)

The cover of this poetry collection was inspired by an 1882 lithograph by Vincent van Gogh, "Old Man with his Head in his Hands (At Eternity's Gate)." One of the most original artists ever, Vincent van Gogh worked as an evangelist before taking up painting at 27. He was largely self-taught but absorbed the inspiring lessons of Impressionism during two years in Paris. Then he moved alone to Arles in the south of France, where he painted the landscapes, still-lives, and portraits which became his most famous works. They are all signed simply 'Vincent.' Van Gogh's life was a grim and desperate struggle against poverty, hunger, alcoholism, and insanity. His attempt to found an artist's colony with the painter Paul Gauguin ended in the harrowing experience of self-mutilation when he cut off part of his left ear. And though his younger brother Theo supported him to the last, Vincent's agony ended in suicide. He shot himself in the chest, aged 37. In the last year of his life, Vincent repainted this sorrowing old man in full color and gave it the subtitle: At Eternity's Gate. Vincent interpreted sorrow as a sacrifice on the way to eternal life, of which he had a very bright image.

अनुक्रमणिका

पंचतत्व

कहीं दूर जाकर दम तोड़ने का मन होता है।

ऐसे जैसे किसी दूसरे देश में
किसी साफ़ सुथरी जगह पर
किसी अस्पताल या बाग़ीचे में
मकान की छत पर
जहाँ से सूरज धूमिल न दिखता हो!

उस मुल्क में
जहाँ पर कुछ तो होगा
पार्थिव देह का सम्मान
ख़ाक में मिलाने को
साज़-ओ-सामान होगा
आबोहवा होगी उसे विलीन कर लेने को।

यहाँ तो बहुत डर लगता है
अंतिम यात्रा में
यहाँ से वहाँ जाने का रास्ता
निकलता है

शहर के बीच की सँकरी गलियों से
कीचड़ और गन्दगी के वितान के इर्द गिर्द से
जहाँ मानव ख़ुद मृतप्राय
देखते हैं मुझे अचेष्ट
और मैं उन्हें छोड़ देता हूँ वैसा ही अधमरा
मात्र अपनी गति में रत।

शवों से बिछे हुए रास्ते
इनके ऊपर से गुज़रा मैं कितनी दफ़ा और
नहीं लौटना चाहा मैंने वहाँ कभी भी
मैं ये भी नहीं देख पाया कभी
कि कौन मेरे साथ था जो
छूट गया पीछे
उसे मैंने गिरते और लड़खड़ाते हुए देखा था बस
कभी सड़क पर दम तोड़ते हुए
भीड़ भरी किसी बस के नीचे आकर
उस बस में कभी मैं था
कभी नहीं
पर मैं जाना चाहता था किसी भी तरह उसे वहीं छोड़कर
दूर।

मेरा दम घुटता है
मुझे पता है
मेरी उम्र कम हो चली है
कोई कहता है मेरे ख़ून में
कुछ तो कालिख होगी-

वरना इतने धूल के गुबार
इतनी ऊमस में घुलकर मेरे भीतर का रंग
चितकबरा सा कैसे नहीं
बना चुके होंगे?

मैं आजिज़ आ चुका हूँ
पर सोचता हूँ
यमुना के घाट के किनारे
मुरझाये हुए फूलों और सीवर के पानी के बीच
अपनी अस्थियाँ देखकर
कितना और व्यथित हो जाऊँगा मैं-

मुझे कुछ तो जगह चाहिए
कि मैं मुक्त होने के लिए पैर जमा सकूँ
उड़ सकूँ दूर
आकाश में
अकेला।

दूर होना यदि
इतना सरल होता
तब ये चाह नहीं होती इतनी गहरी
सबके पास फिर अचानक एक दिन
उनसे दूर
जिनके पास जीवन के सारे मायने निहित हैं!
पर फिर भी जीवन से आगे तो मुझे
उनके साथ नहीं रहना है

ऐसे में एक आग्रह तो बनता है
सम्बन्धों के नाते
ज़रा बहुत शांति की अपेक्षा में
वे कुछ कर सकते हैं मेरे लिए क्या?

मेरी अंतिम इच्छा मानकर!

वे मेरे लिए ढूँढ़ने निकल सकते हैं कोई निर्मल स्थान-

वे मुझे कहीं दूर तक फैली हरी घास में फैला सकते हैं
अथवा किसी नदी के सबसे अगम स्थान पर पहुँचाकर शुद्ध जल से आचमन
करवा सकते हैं
वे चाहे तो हैलीकॉप्टर से मेरी अस्थियाँ हिमालय के ऊपर लेजाकर
बिखरा सकते हैं उन्हें-

पर टूटते तुषारनद मुझे वापिस वहीं लेजाकर घोल देंगें जहाँ
फैक्ट्रियों का तेज़ाब ढोतीं नदियाँ
उन्हीं मरघटों को धोती हैं
जहाँ वे मुझे जला सकते थे वैसे ही
बिना अधिक प्रयास किये
बिना शहर को छोड़े
पर जहाँ मैं
इतनी भारी वितृष्णा में भरा
नहीं होना चाहता विलीन।

वो समुंदर भी ढूँढ़ सकते हैं

रामेश्वरम या कन्याकुमारी जैसी जगह

जहाँ से कोई नाव चले

दूर चली जाए फिर वो

मुझे जलसमाधि देने को

और शायद कुछ ठीक भी हो

उन जगहों से दूर जहाँ मैं

सिर्फ थोड़ी सी देर को गहरी साँस लेना चाहता था

पर नहीं ले सका

पर शायद मैं उन मछलियों के दातों में फँस जाऊँगा

लुप्त होने से पहले

जो किसी न किसी

जहाज़ से रिसते तेल की झिल्ली में सनी

उसी कालिख को भीतर लिए फिर रहीं हैं जो

मेरे अंदर उन्हें

अंततः मिलेगी।

मैं इस लिए बहुत दूर जाना चाहता हूँ-

रूह के दूर जाने के उपरांत के पलों में

अपनी देह के थोड़े से रखरखाव को

किसी दूसरे लोक में

नई नागरिकता साथ।

ऐसे पलायन को सोचकर मन में
बहुत भारी दर्द होता है-

लगता है अभी दम टूट जायेगा!

खिड़की से बाहर सिर निकालकर देखता हूँ
कहीं कोई बादल ही दिख जाये
बरसात में दम टूटे
ज़रा बहुत ग़नीमत तो होगी
कहीं भी जलूँ
मेरी गंध और राख कुछ दूर तक तो बहेगी
कहीं तो पहुंचेगी

शायद उन जगहों पर मेरे मुल्क की
जिन्हें मैंने अभी तक नहीं देखा है और जहाँ
आज भी पार्थिव शरीर
पंचतत्वों में मिलते हैं।

संबोधन

आवाज़ ऐसी दर्दीली है कि
लगता है जैसे
उनके गले में ही गाँठ है-

जिसके चारों ओर बहता स्वर रुक-रुक के चल रहा है

फिर आ रहा है बाहर
एक व्यग्र आलाप सा-

भीतर स्तन कैंसर सा कुछ है-

दूर तक फैला हुआ
कोशिकाओं की अंतिम कंदराओं तक जाकर
काली राख छोड़कर वापिस आता हुआ।

ऐसी ही न जाने कौन सी गहराई से
खोकर लौटती है आवाज़
तरन्नुम की लहरें
बिंध के तैरती हवा में
फिर धसकतीं-

ऐसे जैसे काँसे की कटोरी

हाथ से छूट गयी हो

और फिर बज रही हो फ़र्श पर-

अंततः शांत होती हुई अंतिम स्पंदन के साथ।

बातों में ध्वनिओं की ऐसी आवृत्ति है

कि कथा को दिल थामे सुनना पड़ता है-

कभी लगता है

शब्द हैं ही नहीं

मात्र अकुलाहट है-

मोह है जो

छूट नहीं पाया

आमंत्रण जो

पूरी पुकार नहीं बन सका है।

ऐसे बुलावे पर

मैं पास जाता हूँ

फिर समझ नहीं पाता

पास आती हुई आवाज़ या

दूर होता हुआ मौन सा कुछ

क्या है वो!

गला रुँध जाता है

मैं भी शब्द खोता हूँ

पर
राग मुखर है-

ऐसे जैसे इतिहास का कोई बड़ा गवैया
अभी-अभी चुप हुआ है
अब गहरी सांसें ले रहा है

दर्द मुँह की धुंध सा ठंडा
बिखरा हुआ स्वरों के गूंजते अवशेषों के साथ-

मैं एक-एक चिंदी बटोर लेना चाहता हूँ हर ध्वनि
इससे पहले कि सब वाष्प हो जाये।

मैं सुनना चाहता हूँ उन्हें
फिर से मेरा नाम लेते हुए।

विस्मृति

चे गेवारा
मैं तुम्हें जानता हूँ-

पर ऐसे ही जैसे
मधुबाला या
स्टीफन हॉकिंग को शायद!

तुम्हारे देश के आम
मेरे शहर के
परचून के स्टोर में मिलते हैं-

वो पीले ही होते हैं
शायद
लातिन अमेरिका के मैदानों की
रक्त धुली मिट्टी से
उनका कोई वास्ता नहीं होता
और
वो बस
छूतें हैं

वहाँ की हवा,
बारिश का पानी
कोयल जैसे किसी पक्षी की
कूक ही!

यहाँ वो
शिकागो में
गत्तों के आलीशान डिब्बों में
मिलते हैं-

थोड़े पके
थोड़े अधपके
ऐसे जैसे हों
मेरे विचार
तुम्हारे बारे में!

मैं तुम्हे भूल नहीं पाता हूँ
हालाँकि
देखा है मैंने तुम्हें बस
बॉर्डर्स और बार्नस् एन्ड नोबल जैसी
किताबों की दुकानों पर-

कौतूहल जगाते तुम्हारे पोस्टर
काफ़ी-मगों पर चित्र
और महंगी सजावट वाली

तुम्हारी जीवनी से भरी
उन किताबों की जिल्द पर!

तुम उनमें
बहुत क्रांतिकारी से लगते हो
वैसे होगे भी शायद
पर यहाँ अमेरिका में
तुम्हें कौन पढ़ता है?

क्या तुम यहाँ के हितैषी थे?
या यहाँ के विरोध में खड़े थे?
मैं इतिहास में बहुत कमज़ोर हूँ
क्रांति के नाम पर और भी ज़्यादा
शायद तुम्हारा नाम
ले भी न पाऊँ खुले आम-

कि पता नहीं तुम कौन निकलो
और फँस जाऊं मैं
इस स्वतंत्र देश में
अपनी बातों के कारण
किसी उलझन में!

पर-
परचून की इन दुकानों में
इन आमों को देखकर

मुझे एक महाद्वीप की याद आती है
जिससे सिर्फ़ नाम को परिचित हूँ मैं-

विस्मृति और अज्ञानता के इस दौर में
मुझे तुम्हारी झलक
शायद
मैंगो स्मूदी के उस
बर्फ़ से भरे गिलास को छूने तक ही नज़र आयेगी
मैं बाहर की ठंडी बूंदों को
किसी तीसरी दुनिया के मुल्क के लोगों के
आँसू नहीं समझूंगा-

ऐसा मेरा वादा है।

उपरांत गीत

औरतियाँ माथा पकड़कर रो रइ हैं-

घर के बाहर
उकड़ूँ बैठीं

कुहनियों ने चेहरा लील लिया है

बस आवाज़ छोड़ दी है
बिलखने भर की-

मुँह सूख गया होगा इनका
गला बैठ गया होगा

अभई इत्ता रो लेंगी
तो कल का करेंगी!

इन्हें चैया पिलाओ, बिस्कुट खिलाओ-
और का अब बीसलरी खुलेगी!

नहीं तो दम तोड़ देंगी ये
येहीं के येहीं!

कल लड़की सिराई थी-
का लड़की सिराई थी?

जों हलुआ फेंका था जला हुआ-

मिट्टी में लसड़ी
खूनम-खून
वीर में लिथड़ी।

अभई तक याद करके रो रइ हैं उसको-
हुई गवा बस!

गोधूलि बिसरा रही है
अन्धेर होने को है-

अब और कब उठेंगी जे?
चारा-पानी कब करेंगी?

गोड़ जादा पिरा गए तो
बिल्कुलै बैठ जायेंगी
सवेरे तक।

पगलौट!

सीसे में मुँह तो देखें
अच्छी थोड़ी लग रही हैं
तबसे सर धुनती हुईं।

अब का कर लेंगी!

अंतराल

सारा समय मैं
तानाशाहों के बारे में सोचता रहा-

अंतराल में

कुछ चिड़ियाँ
महाद्वीपों के पार
रख आईं अपना बीज

कुछ नवजात हरी पत्तियों ने
ज़रा सा क्लोरोफिल घोल के

दुनिया के लिए
भोजन बनाना सीख लिया।

भोपाल मैं कभी नहीं गया हूँ

भोपाल मैं कभी नहीं गया हूँ-

दिल्ली, हावड़ा
कानपुर, झरिया, ठाणे, फिरोज़ाबाद
गया हूँ
पर
भोपाल नहीं गया।

वैसे भी जरुरी नहीं है
कि वहाँ जाएँ ही-

जब भी किसी
पुराने शहर
सरकारी अस्पताल या
कारख़ाने के पास से गुज़रता हूँ
लगता है
मैं भोपाल में खड़ा हूँ।

सब जगह मिल जाती हैं
वही चीज़ें-

पाइपलाइनों के जाल
ज़ंग खाए प्रेशर-वेसल्स
उनमें हिलके प्रेशर-वाल्वस
और फिर उनमें कैद रसायन-

एक मज़दूर की ग़लती
एक मालिक का पाप
हज़ारों का हत्भाग्य
और फिर बाक़ी सब भोपाल है।

कभी भोपाल
सिंहभूम और मयूरभंज के
चेस्ट और टी. बी. वार्ड में भी मिलता है
कभी खदानों में
पानी भरने पर
जो औरतें
बाहर ज़मीन पर बैठी रोती मिलती हैं
उनकी आवाज़ बहुत कुछ
उनसे मिलती लगती है
जो भोपाल में रोई होंगी शायद।

अक्सर ऐसे बहुत से चेहरे

मुझे चारों तरफ़ दिखाई देते हैं
जो
एक भोपाल के बाद
फिर दूसरे
और फिर तीसरे भोपाल को
रोने के लिए पैदा होते हैं शायद।

मेरे अपने शहर में ही हैं
किसी न किसी मुआवज़े की लाइन में खड़े लोग
ट्रामा सेंटरों के बाहर का ट्रामा जीते लोग
अदालतों के बाग़ीचों में
नंगे-बुचे पेड़ों की छाँव में
बूढ़े होते लोग

सत्ता की ठंडी सांसें भी मैं
कहीं भी सुन सकता हूँ और
उन सबकी पीठों को भी पहचानता हूँ
जिन्हें भोपाल की गलियों ने आवाज़ दी
कि वो वहाँ क्यों आये-

मैं भोपाल
कभी नहीं गया हूँ
रोज़ जाने पर भी
नहीं गया हूँ कभी।

क्वांटम भौतिकी

बिजली का करंट
क्या होता है?

सोचता हूँ कि
एक दिन
उन तारों में घुसूँ
और पता करके आऊँ!

ऐसे बाहर से तो छुआ है कई बार
झटके से अलग हो जाता है हाथ
पता नहीं कौन
देता है वो स्पर्श और
कौन जला देता है त्वचा?

तारों के भीतर
तांबे और अल्युमीनियम के पिंजर-घरों में
सूक्ष्म
कि जहाँ न हवा मिले और
न चला सके कोई नाव-

वहाँ किस सहारे से चलते हैं वे इलैक्ट्रॉन?
क्यों चलते हैं?
क्यों आकर्षित हो जाते हैं
यहाँ वहाँ की
लुभावनी शक्तियों से?

और बह निकलते हैं
सारा बल समेटकर अपना।

देखना चाहता हूँ
कैसे लगते हैं वो यूँ सामूहिक
हिटलर की आर्यसेना से

या फिर बांग्लादेश के बाढ़ से तबाह
किसानो से
शरण कैम्पों को जाते!

मुझे मालूम है
मैं ढूँढ़ लूंगा उनमें
अपने कुछ साथी पुराने

यूँ वो होंगे भी वहीं
जहाँ थे वो
सृष्टि के आरंभ या
निरंतरता के समय

ऐसे में

उस दुष्ट का भी ख़याल आयेगा

जो खुला छोड़ देता है

नंगे तार

इतनी पुरानी वायरिंग के

बिना कोई टेप चिपकाये

और टपक गिरूंगा मैं

कहीं से कहीं भी-

किसी झोपड़ी के बल्ब के पास

या ए. सी. की ठंडी हवा के नज़दीक

किसी टेलीविजन की कोख से

कि जिसमें चलचित्र हो उनका

जिनसे चकित रहता हूँ मैं

हमेशा

वैसे ही-

बिजली चले जाने पर

हो सकता है कि

ठिठक जाऊँ मैं अधर में

अपने पिंड की खोहों में

भटकूँ

अस्तित्व की संभावनाओं के बीच-

कभी-कभार

अंतर्ध्यान होते हुए भी।

౩౩

महा-विस्फोट (बिग-बैंग)

संगीत के मध्य
पसरा सितार
सोचता है-

कहाँ से आ रही है ये आवाज़
कौन सा स्वराघात है ये
इतना अविकल
कि मेरे झंकृत तारों को पता भी नहीं
और
गूँज निकला है वो
पितरों की व्यग्र
पुकार सा!

हवा उसे
याद दिलाने
हिल निकली है भीतर
फिर
ठहर गयी है

भूल कर अंतराल

पहला शब्द
निरंतरता के समय का
और समीप आ गया है
पिछले दिवस से।

पहला पल

सृष्टि से पहले
बना होगा
आर्तनाद का शब्द-

और उससे भी पहले
बनी होगी प्रार्थना

अंधकार में किसी ने
धर दिए होंगे
करुणा-हीन गैसों के भीतर
भावनाओं के छोटे-छोटे बीज

कोई
रहा होगा तब भी
जब
क्रंदन-नाद किसी का
शुरू नहीं हुआ होगा

आकार के समय
हाथ छुड़ाकर
सब दिशा-हीन
बिखर गए होंगे
पूज के
भूल के
पहला पल।

लघु

दुम और पंख
साथ में टांगें अनगिनत
लिए
कीड़े ककत्तु काले
पीलू परवाने पतंगे

छिप जाते हैं पत्तों में
वहाँ और भी बहुत से
छोटू-मोटू सूक्ष्म बंधु
पहले से बैठे हैं

संगीत में डूबे-

बीच-बीच में
गाते-गाते ही
झपटके खा लेते हैं
एक दूसरे को
या बच निकलते हैं गच्चा देके

पानी पड़ जाए जिस दिन

उस दिन

नहा भी लेते हैं

चिकट-चिकट के।

पेड़ों में उनके घर हैं

काई में हैं उनकी हवाई-पट्टियाँ

जब कभी मन हो

पैदल भी चल लेते हैं

कभी प्रेम बावरे हो

मँडराने लगते हैं

बिरादरी की मादाओं के ऊपर

जैसे कह रहे हो-

"पुन्नी सी बात है

तुमसे प्यार है

और ये लैंगिक हॉर्मोन भी

नाक में दम किये हुए हैं"

ख़ुदा-न-ख़ास्ता

पिचक जाएँ अगर कभी किसी भार से

तो यहाँ-वहाँ

रोना-धोना नहीं मचता

बस गीली डाल पर
पुदकुन्नू सा रंग छोड़ देते हैं
मिचमिची भुर्जी के साथ।

उनकी कोई यूनियन नहीं है
ऐसे-वैसे उनकी कोई शक्लो-सूरत भी नहीं है

उनकी बस संख्या है
उनकी दुनिया में
प्रणय और गुत्थम-गुत्था
दोनों में कोई परास्त नहीं होता

प्रेमी और योद्धा उड़कर
कुछ देर को
कहीं दूर जाके बैठ जाते हैं
बस।

निर्भया

मेरे लिए
दुखी होकर
हाहाकार करने की
कोई ज़रूरत नहीं है तुम्हें-

मैं जितनी भी दर्दनाक मौत मरी
मुझे उतना ही दर्द हो सका
जितना
एक मनुष्य के शरीर को
ज़्यादा से ज़्यादा
हो सकता है।

मैं संख्या में भी एक ही थी

सो हिला नहीं कुछ भी
फ़िज़ा में
इधर-उधर।

वैसे मैं अगर
सैंकड़ों में भी होती
या फिर हजारों-लाखों में भी
तब भी
पीड़ा तो मुझे उतनी ही होती

शायद कुछ कम-ज़्यादा-

तो इसलिए
मृतकों की संख्या जानकर भी
परेशान होने की ज़रूरत नहीं है।

हरेक की वेदना को जोड़ दो
तो वो
सामूहिक वेदना नहीं हो जाती है-

कोई बहुत बड़ी सी
भयावह चीज़!

बल्कि शायद
ऐसी कोई स्थिति है ही नहीं-

ऐसा सोच कर मन में शोक नहीं रहता
न रहता है आतंक
क्योंकि ये सब तो उन जीवित लोगों के लिये हैं
जो सामूहिक रूप से डरके

किसी बड़ी क़यामत की
कल्पना कर बैठते हैं

कहीं कसी रोशनी की तलाश में

मैं चल पड़ी हूँ

और भयमुक्त हूँ।

अनुष्ठान

यहाँ बहुत से लोग
गाय का मांस खाते हैं।

मैं अल्युमीनियम फ़ायल और
काग़ज़ की तश्तरियों
में रखा
मसालों में लिपटा
गाय का मांस देखता हूँ-

दुकानों के सजावटी शीशों के पीछे
सफ़ाई से धुला-पुछा
और
कूड़ेदान की जूठन में
चिप्स के रैपरों
पेप्सी के खाली गिलासों के साथ
खोया-सा ख़त्म हुआ सा।
मैं बाज़ार से लौटता हूँ घर-

तो दृष्टि

पड़ती है
दीवार पर टंगे
कृष्ण के फड़फड़ाते एक कलेंडर पर-
मैं हँसती हुई
गाय देखता हूँ
बछिया से खेलती
कृष्ण के पीताम्बरी रूपालोक के पीछे
सजी हुई सी।

मेरी आँखें झलमला जाती हैं-

रोटी तोड़ते समय
हाथ जड़ हो जाता है
और नींद के दौरान
एक अनंत आर्तनाद
रात-भर देता है सुनाई।

मैं सब बिसरा के
सुबह उठता हूँ

बाहर एक अमरीकी मित्र
आवाज़ देता है
मैं उससे हाथ मिलाकर
एक बार और यह क़सम खाता हूँ
कि मेरी दुनिया में
उसके लिए जगह है
और मेरे दिल में भी।

मेरा यह दोस्त अच्छा आदमी है-
इसने मुझे
एक बार ख़ून दिया था
ये रैडक्रॉस के साथ
सोमालिया भी जा चुका है

रेत की जलन में
युद्धरत मुल्क के बच्चों की
मरहम-पट्टी करने।

वो अपनी टांगें वहाँ
गवाँ आया
साथ ही आँखें भी
अब
व्हील-चेयर पर चलता है
पर फिर भी
ख़ुद ही सब काम कर लेता है।

उसे बीफ-स्टेक्स बहुत पसंद हैं-

वो जब ख़ूब ख़ुश होता है
तब
तमाम चटनियों को डाल कर
बहुत सारे स्टेक्स खा जाता है।

मैं हमेशा सोचता हूँ

हम दोनों में कितना अंतर है

मैं पृथ्वी के सुदूर कोने से उसके मुल्क में आया परदेसी

मेरा हवा, पानी, आकाश

अलग है

ये यहाँ का बाशिंदा

इसका सबकुछ अलग

पर शायद

हमारी दोस्ती के बीच हम दोनों के लिए

ख़ूब जगह है-

मेरे संवेद के लिए

और उसके

अनुष्ठान के लिए भी।

आराध्य

मंदिर की दीवारों के पीछे
चींटियों के घर हैं
उनकी सभ्यता है वहाँ-

वो दही और शहद में
लगी-लिपटी नालियों के पास
रोज़ इकट्ठा होती हैं

फिर एक-एक घूँट भर के
सबकुछ

लौट आती हैं
भूमि में अपने बिल में।

जो भी देवता रहते हैं भीतर
उनका बड़ा मान है यहाँ
वो इनके भी आराध्य हैं

और शायद
इन्हें जानते भी हैं।

सम्बन्ध

नदी में
बिखरी पड़ी हैं परछाइयाँ
और रोशनियाँ भी-

पत्थरों में लड़खड़ा गया है पल-
टूटी डालियों और बहते शवों के साथ
बह रहा है जल-

फूल और दिए
साथ में लिए
दिन सन रहा है
बार-बार
घाटों की मिट्टी में!
फिर निकल रहा है-
भीगे केशों वाले
ऋषियों की करबद्ध प्रार्थनाओं सा-
एक अंजुरी से
पानी उछलकर
बैठ गया है
विच्छेदित-सा

फिर आगे चल दिया है
किसी और पाँव के पास

चारों तरफ-

नीले पक्षी हैं
सफ़ेद आकाश है

कौन किसे रंग दे रहा है?

बेला

दूसरी सुहागिनों के साथ
घर की वृद्धाएँ भी
पूजने चली गयी हैं पेड़।

लौटने पर
वो ले लेंगी
दूध की थैली
इंगुर की नई डिबिया
और कफ़ सिरप भी।

घर आके
कुछ फुलौरियाँ तलके
वो भी
आँगन में दे आएँगी अर्घ्य।

आज उनके आदमी भी
नहा-धोके बैठे हैं-

वो विसूख गए थे
उनकी अनुपस्थिति में

अब फिर बोलने लगे हैं।

उन्हें जब अपनी पत्नियों की आवाज़ आती है तो वो
तसल्ली से खाँसने लगते हैं
उनकी खाँसी सुनकर
वृद्धाएँ-

बहुत तेजी से
हड़बड़ी में

व्रत-कथाएँ बोल जाती हैं।

गठबंधन

कल विवाह था
आज गठबंधन है।

तुम ले लो अपने
मन की निरंतरता
जो सम्हाली हुई हो

उस पल से
जब
गढ़ी गयी थीं तुम

दिए से प्रज्ज्वलित दिए सी

मेरे साथ ही पर
भूली हुई मुझे-

मैं ले लेता हूँ
अपने प्रेम का सातत्य!

आओ मिल जाते हैं फिर

एक बार और

नई स्मृतियों का निर्माण करने को!

कल पर्व था

आज

धुलीवंदन है।

व्रत-संध्या

एक पत्ता फिर
निवेदित हुआ है-

इस घड़ी भी

वो उड़ चला है दूर

हवा की काँख में दबी
नमी छूकर
ठहर गया वहीं

और फिर

खो गया है गिरकर
मिट्टी में मिला सा लुप्त!

आज फिर किसी
व्रत की संध्या है

चन्द्रमा के बहुत से छींटे
इस ओर भी गिरे हैं

और उसकी ओर बह निकले हैं।

जन्मांतर

एक बार और
आना चाहता हूँ तुम्हारे पास

चेतन की निरंतरता हो जाती है अवरुद्ध
तुम्हारे ओझल होते ही-

पिछला पल
लगता है पूर्व-जन्म सा

मैं उपनिषदों में ढूँढ़ने लगता हूँ
उसका हिसाब-किताब

विश्वास हो भी जाता है
फिर भी

नहीं होता विश्वास

कि क्या तुम
सचमुच थीं यहाँ।

उत्तरदायित्व

मैं हो आया हूँ घर-

बस
भीतर जाके बात करनी शेष है!

कल सुरक्षित है-

तुम्हारे गर्भ की कन्दराओं में
विश्राम कर रहे
स्त्री-बीजों सा-

वो ठीक है-

क्योंकि
सकुशल हो तुम!

उमड़ना चाहता हूँ मैं
अपने धर्म के अतिरेक में

आख़िर

उत्तरदायित्व के दस्तावेज़ों में तुमसे
प्रेम करना
रेखांकित जो हुआ है।

ज़रूरी चीज़

सींकें
जड़ पकड़ गयी हैं
मिट्टी के करवे में-

ऐपन
आटे और रोली के छींटों में सनी

वो उग आई हैं
फिर से-

उनके पास
किनारों पे हरी घास भी जन्मी है

वो त्योहारों के दिनों में
मिट्टी में ही छिपी थी

अब निकल आई है

अर्घ्य दिए पानी में भीगी
रात के चन्द्रमा में
वो हिल रही है

सृष्टि की कोई
जरूरी चीज़ सी।

परदादी

पहली परदादी को
बनाया होगा ख़ुद
उनकी माँ ने-

दे दी होंगी

कंठी माला
बिछिया, गिन्नी
सिन्दूर की डिबिया

सूत की धोती और बाँचने को कुछ
पोथियाँ

स्नेह भी भर दिया होगा बहुत-बहुत
और घुटनों का दर्द भी

किसी परदादी की

पर-पर

पर-पर

परपोती

मेरी परदादी की

सहेजी हुई एक संदूकची

मिली मुझे उस दिन

और उसमें जगह-जगह

कत्थे-सा जमा हुआ

उन्नीस सौ उनतीस का

सिन्दूर

मैंने छूकर उसे

जी लिया एक पल

उनके सुहाग का-

और फिर शायद

ख़ुद को उसी कारण

हुआ पाया।

माँ आई हैं

बड़ी कठिन यात्रा से आई हैं-

उनके तलुए धुलाव
गुखरू निकालो

एक थाल में बिठा दो चरण

मंडप के ऊपर आसन दो
फिर डाल दो परदा

दर्शन देने से पूर्व वो
देर तक तैयार होंगी-

धूल की सुकन्या
अल्हड़ बालिका सी
चीन्हेंगी अपना रूप

सब कौतुकों के साथ।

अभी सब ठिठोली लग रहा है उन्हें।

कितने समय बाद
गुहाओं से बाहर निकली हैं

ढूँढ़ने स्नेह से लिपे आँगन

बस जाने को
नदी तल

समाधि में विश्राम करने को।

अभी थोड़ी देर में माँ
बाज़ार में निकलेंगी

चूड़ी, बिछिया, गहना, मुकुट
फूलों की माला पहनेंगी
काजल आंजकर
तरेरेंगी संसार

नथ से कहो
आहिस्ता से बिंधे

ठिलती-ढुलती
माँ इस शृंगार ही में जाएँगी सब जगह-

धान के खेतों में वो खेल आयेंगी
गीले पाँव

फलों की मिठास को
गा आयेंगी वनों में

बरगुलिया थाप रही गाँव की औरतों को
दे आयेंगी वर

और

संसार-भर की कन्याओं के सिर पर
हाथ फेर देंगी तब ही।

माँ को नेह से भर दो

अपनी बिटिया को ख़ूब सजा के
पूजा दिखाने ले जाओ और

लौटा लाओ माँ को घर

इस बार
सिराने से पहले।

पाठ

शिकागो के मार्ग पर
चलती इस बस में बैठी
एक बुढ़िया
बाइबल की जिल्द पर
अपना नाम लिख रही है

जब तब हिलती है बस
और कांप जाता है उसका हाथ।

उसके पेन की स्याही ने
रंग सा भर दिया है
जिल्द के गत्ते पर
उसके खुदे नाम के हरफों की लकीरों में-
खूब पक्का सा!

वो बहुत आँखें गड़ाकर
पढ़ती है अपना नाम
बाहर
और किताब के भीतर भी शायद-

बाइबल में उसकी भी कहानी है।

उसकी चेतना

सारे अक्षर और सन्दर्भ जोड़-जोड़ देती है उससे

वो ढूंढ लेती है वो वाक्य

जिसमें येसु को

उसका भी ध्यान रखना है।

बरस

बालों में खोकर
उँगलियाँ
फिर निकल आई हैं
माथे पे फिरकर
दबाने लगी हैं सिर-

आँखें बंद कर लूँ तो वो
और ही कुछ हो जाती हैं
नींद की तैयारी में
वो चित्रों की रील सी
घूमती हैं।

ले जाती हैं
बहुत से बरसों में
बहुत सी हथेलियों में बैठाकर।

शिल्पकार

उन मूर्तियों को उसने
छैनी-हथौड़े से
तराशा नहीं था

चोटें नहीं दी थीं उसने
जन्म लेते आराध्य को।

ना ही
बारीक नक्काशी से
शक्ल दी थी
किसी भव्य रूप में
कि जो बाद में फिर
ऊँचे परकोटों वाले मंदिरों में
या सँकरे गर्भगृहों में रखी जातीं
और पूजी जाती सदियों तक-

वो तो
हथेलियों से थपथपा के
ढाल लाया था
मिट्टी के लोंदे को-

उसमें कंकड़ थे
बालियों की फांसें थीं
गोबर की चित्तियाँ भी थीं
कुछ कुछ!

अपनी उँगलियों से
मनचाहा आकार देकर
उसने आले में रख लिया था घर के
एक दिए की बाती और
एक रोली का टीका
निवेदित करके
उसने
माँग ली थी
सुरक्षा और
द्वार की किवाड़।

विस्मृत

मेरे मन के किसी कोने में
विस्मृत सी एक
छवि है।

मुझे पता नहीं
वो किसकी है
कहाँ देखा था
जो यों बस गई
भीतर।

उसके रंग नदी, आसमान, महासागर
पर्वतों पर पड़ी बर्फ़
या अन्तरिक्ष की गुहाओं से
विस्तीर्ण पर
गुंथे से हैं।

उसका आकार एक अँगूठी या
माला के मोती सा है
वो हिलती भी यों है

जैसे वस्त्र हिलते हैं

धारण करने वाली देह के अनुसार।

मुझे इसका ध्यान तब आता है

जब मैं वर्षों में कभी

अचानक भावहीन-अवाक् अवस्था में

चला जाता हूँ

रोज़ व रोज़ ये ओझल रहती है

ऐसे ही जैसे

मैं ख़ुद अनुपस्थित रहता हूँ स्वयं अपने में।

कई बार मैंने प्रयत्न से ढूँढने की

चेष्टा की है

ये दृष्टि में

कौंध तो जाती है तब

पर मैं

इसे ठीक से देख नहीं पाता फिर भी।

शायद मेरी ही किसी थाह में

मेरी ही किसी बात पर ये रूठी है।

जिस किसी दिन मैं

प्रेम में डूब जाऊंगा

स्वयं से ही

ये ख़ुद ही मानकर

उठ आयेगी

दृष्टि पर आछन्न होकर।

किसी मृत देह की खुली जिज्ञासु आँखों-सा
देर तक निहारूंगा मैं उसे
और जान भी जाऊंगा।

किसी मृत देह की खुली जिज्ञासु आँखों-सा
देर तक निहारूंगा मैं उसे
और जान भी जाऊंगा।

प्रतीक्षा

मेरी आकृति के अवशेष
उनकी दृष्टि के किसी
पीछे के हिस्से में अब भी पड़े हैं।

मज्जा में लिपटे
पानी में भीगकर
सन जाते हैं कीचड़ में
और खो देते हैं
अपनी धातु की चमक।

मुझे कोई ग़रीब-गुरबा सी विस्मृति
उठाके ले जाने को
ललचा रही है कई दिनों से-

उसे लगता है मैं
अभी भी काम की चीज़ हूँ

मैं उत्कंठा में
उनकी आँखों के बंद होने की
प्रतीक्षा करने लगा हूँ।

परिणय

जिस दिन तुमसे
होगा परिणय

उस दिन

घर-घर जाके मैं
त्यौहारी मांग के लाऊंगा।

भूमिका

घाव भरना तो
बोरोलीन भी जानती है।

साड़ियाँ

बक्से में रखी हैं सब साड़ियाँ वो
तुम्हारी देह से
भरी हुई थीं जो-

एक दिन
सबकी याद में
चित्रित एक दिन!

वे मानी नहीं थीं
इतनी जल्दी
पसरी थीं अकड़ी
बंधने को न थीं तैयार
फिर डाह हुआ था उनमें
जब जगी थी ललक
जी में भर लेने को तुम्हें।

सब सकुचाके
तुम्हारी
दृष्टि की उमंग को

मोहित करने
झलमला गई थीं अतिरिक्त
रंगीन भी हुई थीं बहुत।

फिर तुमने चुना उस पीली वाली को
ज़री के काम वाले फूल थे जिसमें
और फेरे लिए थे तुमने
मेरे साथ-

फिर चुना तुमने
उस लाल वाली साड़ी को
गोटे के सितारों वाली
और लिवा लाया था मैं
तुम्हें
अपने घर।

सब तस्वीरों में सजी तुम पे
ये दोनों
आज भी बक्से में
इतराई बैठी हैं
बाक़ी सब रूठियों के साथ।

मैं फिर-फिर
ले आता हूँ
साड़ियाँ
तुम्हारी तस्वीर के नयेपन
और उनकी किस्मत को-

जो भरेंगी तुमको
अपने भीतर
और फिर
मेरे मानिंद लिपटी हुई सी
प्यार देंगी।

अभिजात्य

उन्हें मैंने
बहुत शालीनता से बात करते देखा है
उनके घर की औरतें
कुछ कम गहरी ही
लिप्सटिक लगाती हैं।

प्रस्तावना

मेरे घर के बाग़ीचे से आज
ताज़ा कटी हुई घास की
ख़ुशबू आ रही है
तिनकों के निर्माण की
प्रस्तावना पर
शोक-गीत
लिखने का मन होता है।

गरम चावल

आज मैं बहुत दिनों बाद
चावल खाऊंगा।

चावल मुझे बहुत पसंद हैं
पर इन दिनों
नजला-खांसी इतना रहने लगा है
कि बिलकुल छूट गए हैं चावल
और उनके साथ
ठंडी तासीर वाली और भी चीजें जैसे
दही-रायता, केला-संतरा, फ्रिज का पानी तक।

जब मैं घर में होता हूँ
तब माँ
दोपहर में
दो कौर चावल गर्म दाल के साथ
हमेशा खिला देती है।
कहती है-

"दोपहरी में गर्म चावल

कभी नुकसान नहीं देते"

मैं भी कभी कभार के कारण

माँ की बात मान लेता हूँ

हालाँकि इसके पीछे और भी बातें होती हैं कई-

हाल के सफ़र की स्मृतियाँ

घेरी हुई होती हैं मन को

इलाहाबाद से मेरठ की यात्रा

बीच जुलाई की बाढ़ का दृश्य

दुरूह खड्डों में चली आई गंगा और

सावधानी से धीमी गति से चलती नौचंदी एक्सप्रेस-

शायद सृष्टि पानी में ढँक जाती है इन हालात में

और पानी चला जाता है

ज़मीन के गर्त में

ढहा कर चींटियों और बयाओं तक के ठिकाने

ऐसे में दिख भी जाते हैं

रास्ते भर के स्टेशनों पर बैठे वो लोग

बैरागी से तोड़ते हुए पुरानी ऐंठी हुई रोटियाँ।

घर आते ही

सोच में डूब जाता हूँ-

महीनों बाद चखी होती है

बिना सपनों वाली गहरी नींद

दालान के सूखे पत्थरों को
फिर से देखता हूँ
अनंत पलों के अनुसन्धान को
आवाज़ों के कोलाहल से दूर
एक दुःसाध्य शांति घेर लेती है मन को
और
अगली दफ़े जो
यहाँ से वहां तक
फिर खो जायेंगे सब
उनकी याद भर उठती है
आभास में।

घर आके
सोचना नहीं पड़ता है कि
आज खाने के लिए क्या है?
रसोई में पकती दाल और
भगौने में फलफल उबलते गर्म चावल-

सोचता हूँ
माँ बिलकुल ठीक कहती है-

"दोपहरी में गरम चावल
बिलकुल नुकसान नहीं देते।"

जल यात्रा

मैं एक सीपी में बैठ कर
समुद्र यात्रा करना चाहता हूँ।

भीतर छिपे घोंघे के मुलायम कंधे पर सर रख
सो रहना चाहता हूँ देर तक-

उतनी देर जब तक किसी नई बूँद के
छिटके हुए जल से प्लावित मेरी चेतना
मुझे नींद से न उठा दे!

बंद रहूँगा मित्र के साथ-

ख़ाली समय में देखूंगा कैसे बनता है मोती
कौन कारीगर चला आता है ऐसी गुप्त जगह
और अपने हुनर से तराश देता है जलांश!

जब मन करेगा
मैं बाहर निकलकर धूप तापूँगा-

बिना किसी छाया से बाधित अपार धूप
सागर के थल पर फैली

कभी मछलियों को छू आऊंगा नींद में
कभी बहुत गहरे पानी में उतरकर निहारूँगा आदिम वनस्पति और जीव-

मैं फिर लेटा रहूँगा देर तक अपनी सीपी के भीतर
कहते हैं जब हवाएँ उसके भीतर पहुँचती हैं तब
वह छज-छज बजती है!

किसी ऐसी ही हवा के संग मैं उड़कर
बाहर आ जाऊँगा

फिर सोचूँगा-

क्या यह मैं सही में हूँ या फिर
कोई धुन है जो उस सीपी में गोल-गोल घूमी फिर
समुद्र के तल के अनंत संगीत में
अपनी आहटें जोड़ कर लौटी!

मैं समाधिस्थ रहूँगा उस समय में-

फिर किसी जाल में फंस अथवा
उलझ कर शैवाल में किसी
या फिर प्रतापी लहर पर सवार हो
लौटूँगा तट पर

मनुष्यों के पार्थिव लोक में-

निहारा करूँगा उन अस्थियों को जो मेरी सी यात्रा को विसर्जित हो रही हैं।

৺৪৪৪ৡ

मनुष्यों के पार्थिव लोक में-

निहारा करूँगा उन अस्थियों को जो मेरी सी यात्रा को विसर्जित हो रही हैं।

৺৪৪৪ৡ

संन्यास

लगता है रोटी ने सन्यास ले लिया है
निरपेक्ष भावहीन विधवा की तरह
जा रही वो
उँगलियों की, पोरों की
जीभ, गला, पेट की अर्थहीन ज़िन्दगी से दूर-

मन की तिमिरमय घाटियों में
किसी बाल-स्वप्न सी
खो जाने को!

हार गयी वो
आँचल आँखों में घुरसकर
बौराई माँ की तरह
अनगिनत बच्चों को
रोकर-

फफक कर उन पलों को
जब रातों की नींद में
सपनों में भी

बुझे चूल्हे की राख के साथ
नहीं देख पाते थे वे अपनी जननी।

सारे वृतांत शेष छोड़
प्राण खोने जा रही वो-

उस वक्त जब
नए पहर में
फिर कोई नवजात देह
करवटें लेकर
बिलखने लगी है माँ को।

जीवनसाथी

जिस दिन धुल जायेगा यह सपना आँखों से
नहीं उठूँगा मैं
उस रोज़ रात के बाद।

यह सपना-
जो मेरी
रसोई के कोने में रखी
परसों की कटोराभर दाल की तरह बासी है
और भगौने के शरीर से चिपकी
फुंके चावलों की खुरचन सा-
मेरी आँखों की झाइयों से जकड़ा है-

ये मुझे
हर बरस की रमजान की भूख की तरह प्यारा है।

बंद पलकों के भीतर
परतों की सिकुड़कर फैलती गहराइयों के बीच
कहीं कोई अन्तरिक्ष तवा हो जाता है
भरा पूरा आसमान रोटी लगने लगता है।

कौर टूटते हैं

मुंह खुलते हैं

और मैं देखता हूँ

अकेला नहीं हूँ मैं

मेरे साथ

वो अजीब चाल वाला

चलते-चलते ढहने वाला

मेरा तुम्हारा दोस्त भी है।

सपने!

तू साथ ही रहना मेरे

कि मुझे तेरे रहने पर

याद रहता है

नींद में ही सही पर

मैं जिंदा जरूर हूँ।

अन्तरंग

मैं मिल लिया हूँ उनसे
वो आ जाते हैं अक्सर
बिना बताये
दरवाज़ा धकेल के
आवाज़ के साथ
और कमरे में चले आते हैं
नाम पुकारते हुए।

मैं छोड़ आया हूँ उनको
ऑंगन से लिवाकर
रसोई में उड़ती
खाने की खुशबुओं के बीच से
बरामदे की हवा से मुंह
जुठवाकर
वापिस गली की तरफ।

वो बस गए हैं
वो बस जाते हैं
आने से पहले और
जाने के बाद भी

ऐसे जैसे
घर के सदस्य हों
और
साथ रहते हों घर में।

बीस्ट ऑफ बर्डन

मैं बेजुबाँ हूँ दोस्त!

मेरे पास शब्द नहीं हैं
बस कुछ आवाज़ें हैं
जिनसे हो जाती है कभी-कभी
अभिव्यक्ति
मेरे निरीह मन के
उल्लास, स्नेह, भय और दर्द की।

तुम अगर आँखों में
ममता का पानी सहेजकर
नज़र में प्यार का नरगिसी असर लेकर
मेरी खुरदुरी देह को
हाथों से टटोलोगे
और मेरे मुंह में
रात की जूठन के
चार कौर भी दे दोगे
तो स्नेह में भर लगूंगा मैं रंभाने।

हो यूँ भी सकता है
कि किसी तपती सड़क पर
और लम्बे सफ़र में
मेरी गर्दन का भार कर अनुभव
तुम संवेदन की हथेलियों से
थपथपा दो मेरी पीठ
तब तुम्हारे दासत्व को
अपने पुण्यों का फल मानकर
जोर से हिला बंधे हुए घुँघरू
मैं झलमल-झलमल भाग चलूँगा।

दोस्त तुम मुझे कारण-अकारण
बड़ी-बड़ी लकड़ियों से पीटकर
उधेड़ भी सकते हो मेरी देह
भूख और प्यास से तड़पाकर
पीड़ा भी दे सकते हो-

सहमकर सिमट जायेंगे तब
मेरी कामना और जीवन के तंतु
तुम फिर एक आवाज़ सुनोगे-
मेरी कराह और सिसकियों की।

दोस्त तुम शायद मजबूर हो
बेच डालो मुझे वध हेतु
और चारों पैर बांध
कोई चलाने लगे

गल-झालर पर मेरी
पैनी तेज़ कटारी-

तब मेरी आवाज़
अंतिम चीख होके निकलेगी
मैं जीवन और मृत्यु के
हर क्षण में तुम्हारा हूँ
ये तुमपर है दोस्त कि
तुम्हे क्या पसंद है।

उम्मीद

कैसे स्याही
कांपने लगती है
तुम्हारी निब के ऊपर-
कोई रंगीन बुलबुला
बारीक सी नस से गुज़रकर
शब्द बन जाता है
सफ़ेद कागज़ पर दम तोड़-

ये उन दागों की शहादत का अफसाना है दिलावेज़
जो हर बार निशानशुदा हो
ज़िन्दगी दे जातें हैं बात को।

पेन तुम्हारी रोशनी के लिए
कोई और भी जलता है-
दिमाग की आतों की बत्तियां बनाकर
हाथ की पकड़ के लौ होने तक-
बहुत से बारूद को पालने वाला
पिता सोच का
तुम अपने दिल के चल निकलने से पहले
उसकी उँगलियों के फेफड़ों से

जब साँस लेते हो-
तो कैसे शरीर बन जाते हो
उम्मीद का।

कहानी

बाबा की छोटी सी कहानी है।

बाबा उस दिन भी
काम पर आया था।

बाबा की औरत ने कहा था-
मैं ठीक हूँ
तुम जाओ।

बाबा बताता है-
"साब
साठेक पार कर गयी थी
कूल्हा बैठ गया था
उठ नहीं पाती थी
मने उस दिन भी भेज दिया काम पर
अब का करें बाबूजी.."

बस और लग
जाता है काम पर

सारे आँगन में झाड़ू
फिर नाली में पानी और
बाद में
बाबा साफ करता है
पखाने की सीट पर जमे
पेशाब के चकत्ते
बाबा की साईकिल के कैरियर में
कई काम की चीजों के साथ उसकी
कहानी भी बंधी है।
चलते समय
सब पुर्जों के साथ
कहानी भी शोर करती है।

ऋतु परिवर्तन

नई बूँद खिड़की की जाली से छन गयी
वो बह निकली
हवा की गंध उठाये
खोती हुई खुदको
लोहे की एक सरिया को
भिगोती

मैंने देखा उसे और
पलक छुआ दी उससे-

ज़ंग की झिलमिलाती लाली से
सन गयी नाक
मैंने टीका लिया
और भीगी दृष्टि से ऊपर देखा
जाल से छनके आते आसमान को
फिर पीछे हट गया
जीवन की धुरी बदली
ऋतु के साथ।

धुन

जब मैं धुन बन जाऊँगा
ताम्बे के तारों पे चलूँगा और
तुम्हारे पास आऊँगा..

जब कोई मुझे कंठ में खो देगा
हवा में गुम होते शब्दों में भिगो देगा
तब
स्वरों के हाथों से छुऊँगा तुम्हें

तब
न जान पायेगा कोई
मेरी दृष्टि की दिशा
न महसूस होगा तुम्हें
कोई सहमा सा संकोच

तुम जान ही नहीं पाओगी
कि कब
कौन
कैसे

खिड़की की हवा की तरह

बांसुरी के छेदों से निकल कर

तुम्हारे मन में भाव भर गया वो

जो

मेरे मन ने

खो दिए थे तुम्हारे पास....

आवरण

मैंने तुम्हें कभी
हिलते हुए नहीं देखा है।

उस वक्त भी-

जब तुम
चित्र से बाहर होती हो।

बहुत ठहरी हुई सी
जगह लगती है मुझे
तुम्हारे चेहरे की सतह।

मुझे

सोचना नहीं पड़ता है
अपनी देह खोजने के लिए
देखना भी नहीं पड़ता है
इधर-उधर बेचैनी में

प्रतीक्षा के तनाव के साथ-
मैं अमूर्त हो जाता हूँ
तुममें खोकर
फिर शांत रहता हूँ।

घाटी की गोद मे पड़े
एक गोल सफेद पत्थर सा-

नदी की हल्की झिल्ली में तर-बतर
ठण्डा
ध्यानमग्न
और गतिमान।

रंग

वो रंग जो मैंने
कुछ दिन पहले
रख दिया था
माँग में तुम्हारी
एक अँगूठी की तली से उठाकर-

और वो जो-

पसीज गया था
जब तुम रोई थी
लिपटकर सबसे-

और बिखेर दिया था तुमने जिसे
माथे पर चारों तरफ-

वो आज फिर मुझे
अपनी कमीज़ के कॉलर पर
दिखा और फिर दिखा
अपने गले की जंजीर के
एक फुन्दे में-

और अँगूठी में भी जिसमें उसे लेकर
पहली बार
भरा था मैंने-

मुझे याद आया वो क्षण
जब लिवा लाया था तुम्हें

अलस्सुबह

विदा वाली लाल साड़ी में
लिपटी तुम
और फिर
तुम्हारा शरीर जो
विलग होकर मूल से अपने
आ सिमटा था मुझमें।

देह मेरी रंग के
उसी रंग में
जो कुछ देर पहले
छुआ था मैंने
तुम्हें पा लेने को
और जो गहरा रहा था

और, और .....और!

खुशबू

मेरे पास एक खुशबू बैठी है।

नारंगी चुनरी में लिपटी
हवा मे ठहरी हुई सी
वो मूरत टिकी है उसकी
अपनी ही कलाई पर
दो सोने के कंगनों के बीच
लाल चूड़ियों की ठसक से भरी!

मैंने अभी अभी
उसके भीगे बालों को चूमा है

वो अपनी गंध में
मेरा सिंदूर समेटे है।

मैं-

नींद में बंद आँखों में
ढूँढ रहा हूँ वो फूल
जिससे गढ़ी गई है वो।

जब जब मुझसे टिककर

सो जाती है

एक देह

तब तब मुझे

अपने

बाग़ीचे में होने का आभास

होने लगता है।

पौधे लदफद गिर पड़ते हैं

एक दूसरे पर

चलती हवाओं के बीच

खुशबुएँ ढुलक जाती हैं

यहाँ से वहाँ

कभी कभार

हमसे होती हुई भी।

पदचिन्ह

पाँव के आलते से
सन गई है कोर
साड़ी की फाल की-

धूल

घास

चौबारे की ईंटों

पलंग के बिछौने

आँखों की टिटकी ...

नदीतल ...

तुम कहाँ-कहाँ
चली थीं आज।

गति

ऐसे वैसे भी
कहाँ जाऊंगा
यहाँ पर रख दोगी या
वहां
रखा जाऊंगा-

मैं तुम्हारी
अनछुई चूड़ी का कांच हूँ
चढ़ा के तो देखो
मौल ही तो जाऊंगा।

टूटे हुए पत्ते

उन्हें वैसे ही रहने दो
वो आँधियों में टूटे हुए पत्ते हैं!

वो दूर निकल आये हैं
वैसे भी
इतनी दूर उड़कर
विच्छिन्न हैं वो-

पानी के छींटों और
हवा के थपेड़ो में
उलझकर!

झाड़ो मत उन्हें
ढेर न लगाओ उनका
उनमें हर एक की अपनी हस्ती थी
वृक्ष के जीवन का
भाग थे वो सब।

न जलाओ उनको
यूँ प्राकृतिक आपदाओं में
भेंट चढ़ गए
ढेरों मनुष्यों के शवों सा
सामूहिक!

उनमें सबने
बारिश की तापों को झुलाया है
चिड़ियों के परों को छुआ है
छिपा के रखे हैं
असंख्य छोटे छोटे अंडे!

उन्हें मत समझो
बिखरे फूलों या फलों सा
उनमें कोई बीज नहीं है
वो
बस ख़ुद हैं
अपने ईश्वर के सहारे-

उन्हें मिटटी में मिल जाने दो
वो अब जीवन वहीं से दे पाएंगे
किसी दूसरी
जीवित चीज़ को।

परदेस

इन्टरनेट पर देखा है मैंने उनको
उनके देश की नमी,
तापमान,
हवा और जूझन के बीच नहीं!

मैं फाइल बंद कर देता हूँ
तो वो चले भी जाते हैं
खिलखिलाते आसमान और
बहती नदी के ऊपर
उड़ते श्वेत पक्षियों वाले
स्क्रीन सेवर को छोड़कर।

वे सब मेरे साथ थे
कभी
साथ नहीं भी थे
तो भी
होते थे
थोड़ी सी दूर कहीं

किसी गाँव में
कभी-कभी
उससे भी दूर
किसी और प्रदेश की
अनदेखी भूमि पर!

अब-
मैं याहू पर पढ़ लेता हूँ
उनकी गिनती का आंकड़ा
पीड़ा महसूस कर लेता हूँ
थोड़ी सी-
ब्लाग भी भर देता हूँ
यदा-कदा
और
यह भी सोच लेता हूँ
कि एक दिन उनपर
वृत्तचित्र बनाऊंगा।

मेरे साथ उनकी
राख भी नहीं आती है उड़कर
हवा की धूल में लिपटी या
पसीजी बारिश की बूंदों में धुलकर
फिनाइल की वो बदबू भी नहीं
जिसे पीकर वो ध्वस्त हो गए थे उन
खेतों के बीचोबीच..

उस रस्सी का सन भी
शायद जल चुका होगा
वहीं कहीं
क्रिया के साथ
जिसमें लटके थे वे
एक के बाद एक!

अभी भारत से
मुद्रास्फीति का बुलेटिन जारी होगा
मैं यहाँ अपनी
डबलरोटी पर मक्खन लगाऊंगा
देखूंगा
फ्रिज खोलकर
की आज खाने के लिए
और क्या है?

मेरे घर का फ्रिज
किसी मोर्चुरी के ठन्डे-घर सा कहाँ है?
जहाँ
ताजा जमा की गई
उनकी
लाश ही मुझे दिख जाए!

अध्ययन

किताबों के भीतर
पैदल चलते वक्त
कथा के मध्य में ही
मार्ग भटक जाता हूँ मैं-

ऐसी हवा चलती है कि
सारी मिट्टी उड़के शरीर पर
आ गिरती है।

शब्दों की बारिश के वक्त
पाँव विचारों की कीचड़ में सन जाते हैं
मैं कागज़ की मज्जा में छपछप करता हुआ
सारे अध्यायों के बीच बिछी
पक्तियों को करता हूँ पार
ऐसे जैसे
पन्ने के मुड़ते ही
हो जायेगा बसेरा
और पहुच जाऊंगा मैं
अपने घर!

मुझे अपने साथ

बहुत से और लोग भी

भागते नज़र आते हैं

वो आपस में बातें भी करते हैं

और

मेरा नाम लेके

उलझाये रखते हैं मुझे

कौतूहल में!

मैं याद रखता हूँ

कभी भूल जाता हूँ उन्हें।

मैं अक्सर

कहानी बीच में छोड़कर

पृष्ठों से कूदकर

मेज पार आ जाना चाहता हूँ-

मुझे लगता है

भाग निकलने पर मुझे ऐसी

शांति मिलेगी

जैसी

उपसंहार के समय

आखिरी पृष्ठ को मिलती है।

अमरत्व

मैं उनके पास कैसे रहता हूँ

वो मुझे कहाँ बिठाते हैं

मुझे

घर से बाहर करके

कितने समय तक

भूले रखते हैं फिर!

मैंने क्या किया है

एक दो बार पास हो आया हूँ उनके बस

कभी कभी ज़्यादा बार

कभी बहुत बार

पर जब भी पहुँच पाया हूँ वहां

छोड़ आया हूँ ख़ुदको हर बार।

वो मेरे चेहरे को सब

अलग अलग निर्मित करते हैं

मेरी बातों को याद करके तय कर लेते हैं

मेरे मन का स्थापत्य!

वो सब

उम्रभर मुझको साथ रखके

गढ़ते रहते हैं

हर पल

कुछ तो दिवंगत हो जाने पर

बचपन वाला मैं ही

ले गए अपने साथ

कुछ

नए रंग भरकर

जीवित रखे हैं मुझे

मेरे बूढ़ा हो जाने पर भी-

मैं खुश हूँ

बहरूपिया होकर और

अमर होकर भी

सबके साथ।

इंटरफेस

दवा

भीतर जाके मुझे छूती है
उस जगह
जहाँ मुझे किसी ने नहीं देखा है-

वो पहचान लेती है उन सबको
जो मिलकर मुझे गढ़ते हैं

एक एक
सूक्ष्म तंतु का
दुखदर्द
उनकी
भलीबुरी बातों को
जानती है वो!

पल को मैं
विचलित होता हूँ
पर पल में जान लेता हूँ
कि कहीं

कोई हमदर्द परिचित

खून में उतरकर

ढूंढ़ रहा है उन सबको

जो मेरे अवयवों को

दे रहे हैं दुःख!

मैं ठीक होकर

सोचने के सुख को करता हूँ महसूस

या फिर

कभी-कभी नहीं भी

पर फिर भी

यह सोचने को

होता हूँ विवश

कि कहाँ जाके

नमक और अनुभूति मिलते हैं एक दूसरे से!

छोटी छोटी बातों में

समय बीत जाता है

पर रक्त में उतरी एक

दोस्त की कारस्तानी

उलझाये रखती है मुझे

देरतक!

बहाव

छोटे शहरों की तरफ
स्टेशन जल्दी-जल्दी आते हैं
पर गाड़ी नहीं रूकती है वहां-

जैसे एक पुलिया पर बैठा आदमी
छूटता है
अगली बत्ती पे ऊँघता आदमी दिख जाता है।

स्टेशन छोटे छोटे ही होते हैं-
हरी झंडी
लाल झंडी
बिठाने की जगह
और पटरी के ऊपर का पुल
सब एक से
रुतबे से
बसे
एक सी
हलचल के चित्र!

यात्रा की स्मृति में
रंगों की निरंतरता
रहती है बरक़रार और
आवाज़ों की भी-

तेजी से चलती हुई
गाड़ी की खिड़की से दिखते
छोटे शहरों के दृश्य
जल्दी जल्दी बदलते हैं
पर
बसेरा दर बसेरा
खेत-खलियान
पशु दर पशु
अंचल गतिमान रहता है
चेहरा हटाने के बाद भी।

बिखराव

मेरी रोज़ी मुझे यहाँ लाई है
शायद रोज़ी नहीं
मेरा कौतूहल मुझे यहाँ लाया है
शायद वह भी नहीं
मैं बेचैन था
जहाँ मैं था
और निकल पड़ा
व्यक्त करने खुदको
यूँ ही कहीं!

शायद यह भी सही नहीं है
क्योंकि यहाँ तो
और भी छटपटाहट है
अपनी हवा
अपनी साँस से दूर
यहाँ के
अजनबी मौसम से
मेल बिठाने की कोशिशें
और उस तरफ का लम्बा रास्ता
जहाँ मेरा घर है-

सफ़र की दुखन का अंदेशा
और लौटना
फिर उन्हीं गलियों में-

शायद मैं मनुष्य हूँ ही नहीं
एक मिट्टी का ढेला हूँ
जो बिखरकर उड़ गया है
यहाँ से वहाँ
जाने कहाँ?
अब लौटके
जाऊं भी तो कहाँ-

मरुस्थल तो
मरुस्थल है-

पर फिर भी
घर की सोच के
उस कंटीली झाड़ की छांह
याद करके मन
दुखी होता है-

जहाँ बारिश के
कभी कभार पड़े पानी ने
मुझे यूँ गढ़ दिया था।

कैटेलौग

मैं उन सबके रंग मिला देता हूँ।

वो कितने भी अलग दिखें
जहाँ से भी आये हों
मैं हाथ में लेके उनको
रखता हूँ साथ-साथ
फिर बदलता रहता हूँ उन्हें
उन्हीं में से उनको

और फिर

सम्बन्ध जोड़ देता हूँ उनका
ज़रा सा भी मेल-जोल
लगने लगता है संभव जब!

मेरी नज़र तले
बहुत सी चीज़े आती हैं-

और छाप छोड़ देती हैं अपनी

मैं उदासी के वक़्त सिर्फ

पीली बोझिल दोपहर को निकलता हूँ बाहर

और जन्म के समय

मानसून की तरी में

आवाज़ देता हूँ वनों में-

मैं मॉर्ग को मॉर्ग

कहकर बुला लेता हूँ

और ब्याह के बाद

रुला आता हूँ

दुल्हन को विदा के वक़्त।

मेरे पास

अपने खुद के कपडे भी हैं-

मैं उड़ जाता हूँ धुलकर

और सूखकर धूप में

फिर सबका सा

सादा भी नज़र आता हूँ

कभी कभी।

अच्छा

आज कुछ भी करने बैठूँ
सब अच्छा होगा।

जैसे नए बरस का पहला दिन है
धुला हुआ है अंत:मन
नए कपड़े ज्यों पहने मेरी देह
चलती साफ़-सुथरी सड़क पर-

आज पत्ते भी पेड़ों से गिरकर
उड़ते हैं
फिर सज जाते हैं
वहीं किनारे
क्यारियाँ-सी बनाकर गोल घेरे वाली!

मैदान में भूखी गैया
सिर नहीं उठा रही है घास से
आज गाढ़ा दूध छनेगा!

यों साईकिल लेके चलते बच्चे-

मैं आज सबको रोकूंगा

बस्ते में

बूंदी के लड्डू रख लाया हूँ

बाटूँगा सबमें

फिर देखूँगा उन्हें खाते हुए मगन होकर

कल मिले थे बहुत से

बारिश में भीगे

ठिठुरते शिशु

बिछे इन्हीं सड़कों के किनारे

आज मैं धूप में निकलूँगा फिर से

उन्हें पहनाकर नेकर-बुशर्ट और फ्राकें

नई बात होगी यह

और अच्छी बात भी!

सेलफोन

सेलफोन की धुन बहुत अपनी सी हो गयी लगती है
उसको कान से सटा लेता हूँ बिलकुल
पास होने पर
आवाज़ और नजदीक से आई लगती है।
मस्तिष्क की हर कोशिका तक पहुँचती
छूती चेतना का कण-कण।

मैं

सोचने लगता हूँ
जब भी डायल करता हूँ किसी दोस्त का नंबर
कि कौन सा संगीत बजेगा वहां
और कितनी देर तक बजेगा?
कैसे ढलेगा वह
क्या टूट जायगा अनायास ही
भय घोलकर
संवाद की धारा की
अनिश्चितता को लेकर-

हम सब जब साथ होते हैं
तब सिर्फ़ धुन से पता चल जाता है
किसने किसको याद किया!
कौन फिर से जुड़ने को
कितना आतुर है कि
विवश है बोल सुनने को
बात की सम्भावना में
संगीत की प्रस्तावना
मोह लेती है मन।

कभी किसी अकेले समय
सिर्फ़ सुनने का मन होता है
बात किसी की
बिना कहे कुछ भी
बिना देखे कुछ ज़रा भी
कि जब सिर्फ़ सुनने से जानना हो
सबकुछ
तब क्षण बड़ा हो जाता है
बात भर चित्र उकरते रहते हैं
सबसे निजी कल्पनाओं के
पहचान सिमट जाती है
बोलों और
तरल तस्वीरों में
जब भर जाता है मन तब फिर
अंत में घबरा भी जाता है-

इनती सारी बातें कैसे
तैरती रहती हैं अन्तरिक्ष में
कैसे याद रहता है उन्हें अपना ठिकाना
कैसे याद रहता उन्हें वह मन
जिसे वो उद्वेलित करने उठती हैं
तरंग होकर।

मैं कभी-कभी कहीं दूर रखकर भूल आता हूँ फ़ोन को
विरह को पुरानी तरह से जीने के लिए।

मेरे चाँद

चाँद तू क्यों हो गया है बर्फ़ का टुकड़ा
जिसे बेरहम रात
मार हथौड़ा
तोड़ तोड़ कर बिखरा रही है ज़मीन पर।

ठहर!
यहाँ नंगों का कब्रिस्तान बन रहा है
देख!
कितने उघड़े हुए शरीरों को
तूने लाश बना डाला है और
इतनी सिकुड़ी हुई देहों को काठ
कर डाला है तेरे हिम ने।

आज एक और शीत की रात है
तू फिर अनगिनत ठंडी मौतों का
चश्मदीद गवाह बनने जा रहा है
.
नंगों का कब्रिस्तान है
श्मशान है

तू क्हेगा क्या शान से पड़े हैं साले
जैसे बाप का बाथरूम हो!
बेशरम!

पर इनके बेशरम होने की हकीक़त को
अपने धुले सफ़ेद चिकटे चेहरे की
श्वेत आँखों को चीर के देख-

शहर का कोढ़ यह सड़क
खुला धड़ंगा आसमान काला
सर-सर करती बर्फ़ीली हवा और बारिश

पोलिथीन, फटी बोरियाँ और गत्तों के ताबूतों
के बसेरों के भीतर बाहर पड़े ये लोग
आदमी की सगी औलादें?
ये वो ही हैं जो
दिनभर तारकोल की ठंडी सड़क को
नंगे पांव से चांटा मारकर
गर्म हो जाने के लिए
गालियाँ देते रहे।

तेरे आका सूरज की नामर्दी और अपने नंगे होने को
किस्मत को दोगलापन मानकर
ज़िन्दगी से उसके क़तरे नोंच कर
फेफड़ों में फिट चिमनियाँ ज़िंदा रखे रहे
बारिश के बाद सर्द नम हवा

कौन सी मल्टीनेशनल का ब्लेड होकर
शरीर के रोयों को काटा करती हैं
पूछ इनसे।

शाम को मरी धूप का आसरा भी गया है
चीथड़ों ने थकन, भूख और बीमारी के साथ
और जोर से मुंह चिढ़ाया है-
चूल्हा ठिठुरा पड़ा है
कंपकपाती फूंकनी
कौन सी आग उसमे फूँक दे
जाने कब की रोटी है
भीगे चमड़े सी अकड़ी
ऐसे ही जैसे
चाँद सूरजों की
संवेदनाएं अकड़ी हैं।

रात चढ़ रही है
माहौल दांत किटकिटाता सिहर रहा है
साइबेरिया हुई जा रही ज़मीन पर
सूअरों, कुत्तों और दुनिया भर के कीड़ों के साथ
खांसते, कराहते, बदबुएं उगाहते
इन लोगों की
चिरी हुई आँखों में
पत्थर होकर
चढ़ चढ़ करके रेत होते
सपनों की बानगी
ग़ौर कर-

काली रात का
सफ़ेदपोश हत्यारा
न हो तू
मेरे चाँद!

पुकार

जाने कहाँ से
यह कौन मुझे
यूँ आवाज़ दे रहा है-
निरंतर-अबाधित
उत्तरोत्तर
तेज होते स्वर में

मेरे हाथ पैर
काँप जाते हैं
मैं अपने संवाद भूल जाता हूँ

इस नाटक के मंचन के समय
किसी को पुकारकर
बुला भी तो नहीं सकता
याचना भी नहीं कर सकता कि देखो
चुप कराओ उसे
वरना मैं
अभिनय करना भूल जाऊँगा
भाव जायेंगे बिखर

मुद्राएँ
हो जाएँगी विक्षत
मैं
लड़खड़ा कर गिर पड़ूँगा
फर्श पर
और
पर्दा गिरने से पहले
गिराना पड़ जायेगा
पर्दा।

कोई क्यों मेरा यूँ
ध्यान बटाना चाहता है-
कोई प्रतिद्वंदी
कोई पुराना दुश्मन या
कोई मजबूर
विपदाग्रस्त
मनुष्य
विस्मृति की कन्दराओं
में घुटता
खोजता मुझे!
पर ऐसा अचानक क्या हुआ?
जो मेरी जरूरत पड़ गयी उसे!
क्या कोई घर से आया है?
या फिर कोई
पड़ोसी
सूचना लिए कोई ऐसी

जो व्यथित कर सकती हो मुझे
पर फिर भी
ज़रूरी हो मुझको मालूम होना!

कहीं कोई हादसा घर में
या फिर
शहर में
या फिर
मुल्क में!

या बिलकुल यहीं ज़रा सी ही दूरी पर-
जहाँ मैं
खड़ा हूँ
इस समय
या कदाचित
बिलकुल मेरे भीतर ही-

सभागार सारा
देख रहा है मुझे
लोग कितने सारे
संभ्रांत-अभिजात्य
पढ़े-लिखे
आदमी-औरतें
बुद्धिजीवी-
नाटक में मुझे देखकर
डूब गए हैं-

परिवेश में

देश-काल में

कथा के मर्म में

खो गए हैं परस्पर

द्वंद्व होता देखकर

पात्रों का-

मैं इन्हें छोड़कर

कैसे जाऊं?

सारा खेल बिगड़ जायेगा

कला का प्रतिरूप

साहित्य के खजाने से

चुनके रचा यह

नाटक

हो जायेगा चौपट!

सबसे ऊपर

पैसे ख़राब हो जायेंगे

उन सबके जो हमारी

सांस्कृतिक धरोहर

संरक्षित करने हेतु

आये हैं इस सभागार में

टिकट खरीद कर।

क्या कुछ भूल गया था मैं?

नेपथ्य में किसी परिचित को देखकर

नहीं पहचाना था?

या फिर किसी को नाम से बुलाया

और फिर खुद ही भूल गया

कि क्यों बुलाया उसे

या फिर कोई यूँही परेशान है-

यहीं कहीं बैठा

देख कर

यह प्रस्तुति इस नाटक की-

सोच रहा है-

कैसा फिजूल का ड्रामा है यह

कैसे हैं ये किरदार

जिनके संवाद

खत्म ही नहीं होते-

कौन है लेखक ऐसा

जो लिखता है ऐसे

लम्बे-लम्बे

दृश्यों वाले नाटक

कि पटाक्षेप

होने में इतना वक्त लगे कि

दर्शक ऊब जायें

कहानी से

उसके मोड़ों से

कि वो कहाँ मुड़ें

क्यों मुड़ें

किसने निर्देशित की

वो परिस्थितियाँ

कि उन्हें यों मुड़ना पड़ा
और फिर गुज़र जाना पड़ा
मरुस्थलों के अंधड़ों सा-

या मेरी मानिंद सोच रहा है-

आखिर मैं कोई मजदूर तो हूँ नहीं
न ही शैतान का कलेजा है मेरा
यह भी नहीं सोचा कि
क्या करेगा एक अभिनेता
अगर वो थक जाये
सुस्ताना चाहे
अगर वो पता करना चाहे
कि कौन आवाज़ दे रहा उसे
आवाज़
जैसे माँ देती थी और
दौड़ा चला जाता था उसकी गोद में
आवाज़ जैसी
प्रेयसी ने दी और लड़ गया वो
समाज से
या फिर जब उसे
पुकारा
फ़र्ज़ ने तो वो
चला गया सड़कों पर
गोली खाने!
सोचता हूँ

कहीं ज़रा भी समय मिले तो
ढूंढ कर कह दूँ

ओ आदमी!
यदि तुम ऐसे ही देते रहे आवाज़
तो जल्दी ही किसी एक क्षण
नहीं रहूँगा मैं
पीड़ा में टूट जायेगा दम
कोई ठोस ख़बर आने से
पहले तुम्हारी
चल निकलूंगा मैं
सब-कुछ बीच में ही
छोड़कर-

फिर नहीं व्यथित कर पायेगी
कोई भी चीज़
तुम्हारे हालात
देह और आत्मा का शोर
आमंत्रण और
याचना-

सबकुछ अनसुना हो जायेगा
सब सुनने के बाद
सारा बोझ उतार दूँगा मैं
वैसा थककर
चैन पा लूंगा मैं
मृत्यु में

अंतिम संस्कार में
तुम भी
हो जाओगे भस्म
मेरे साथ

पर अभी लगता है देर है नाटक
और मुझे ख़त्म होने में

अभी इस पल
इस पुकार के शब्दों में घिरा हुआ हूँ मैं।

भय

न जाने कौन सा चेहरा

तिरने लगा है आँखों में

मुझे देखकर व्यंग्य से

ये क्या कहने लगा है

शब्दों और पंक्तियों की उधेड़-बुन

एक साथ

कई-कई भाषाएँ

संवेदनाओं की एक ही धारा को

परिभाषित करते

अलग-अलग विचार।

आवाज़ आती है-

"दंभी-आइकोनोक्लास्ट

मेरी भोली भावनाओं को

सारी ज़िन्दगी

जूते की ठोकरों पर

उछालने वाले

निष्ठुर मनुष्य!

कौन से ज्ञान का खेल खेलकर
मिटाते फिरते थे
मेरी आस्था के-

मेरी सूनी आँखों के भीतर
भीगे से कुछ छवि चिह्नों कों”

भीषण हँसता है चेहरा वो-
“आह!
कैसे टूटे से आते हो नज़र
कटे से हाथ पैर सब”

आवाज़ चली जाती है।

रोने को हो रहा है जी-
मैं किस सत्य को तलाशने को
कितने महान असत्य को नकारता रहा हूँ-
मैं उसे किस मुँह से
यह समझा सकता हूँ कि
पागल नहीं थे वो
नासमझ, ज़ाहिल और साइकोटिक
भी नहीं थे-

एक रामचरित रचने वाला
और दूसरा
रामराज के सपने बुनने वाला

कि जिनकी जुबान पर

वो राम

मरते वक़्त भी हिलका हुआ था।

सिरफिरी, चरित्रहीन और

उतनी बेठौर भी नहीं थीं

ब्रज की गोपियाँ वो-

जो अपनी सखी के

पिया की प्रतीक्षा में

उम्रभर कुँवारी, बावरी-सी होकर

रात दिन

कंकड़-पत्थर, मिट्टी,रेत

नदी किनारों के सीढ़ी-घाटों पे बैठकर

चाँद-सूरज, हवा और बादलों के साथ

फूल पत्तियों लताओं और भंवरों तक से

सिर्फ यही पूछा करती थीं-

कि कहाँ है?

कहाँ है वो निर्मोही

बाँसुरी वाला

जो हमारी सखी राधा को

यूँ विरह में तड़पता छोड़ गया है!

घिर रहें हैं प्रश्न

और जिनके ख़ुद से खोजे हुए माने

काँप रहा हूँ मैं उसे बताने में

कि कोई बहुत नाज़ुक-सी शै

टूट जाएगी
कहीं मेरे ही भीतर
अगर उसने भी स्वीकार कर लिए
मेरे खोजे वो अर्थ!

कैसे तड़प के फड़फड़ा उठूँगा मैं
जब मेरी ही हाँ में हाँ मिलाने को
वो कह उठेगी कि-

रामायण बस एक मिथोलोगिकल बुक है
पिछले ज़माने की पूजा पद्धतियों और
मान्यताओं की
उस ज़माने के दो राजाओं के बीच के
एक फंतासी कॉनफ्लिक्ट का
वर्णन करने वाली
वाल्मीकि नाम के एक कन्स्यूमेट ऑथर का
एक मैगनम ऑपस!

कैसे समझाऊँगा उसे
कि ये गर झूठ और कल्पना भी है
तो भी कैसी बड़ी और महान है
कि जिससे आँखें पा
एक पूरा का पूरा देश इस सृष्टि के मध्य से उभरकर
कायनाती-रुहानी दृश्यों को
परिपक्व नज़रों से देखना सीख सका है।

पीढ़ी दर पीढ़ी हज़ारों सालों से
अनगिनत इंसानों की
मालूमी जुबानों से बहते रहे जो शब्द
यहाँ के उन सब
प्राणों के प्राण होकर गूँजे हैं!

सिद्धांतों के जिस यूटोपिया को मैं
बरसों से आँखों में सहेजे
उसके अस्तित्व को
साकार रुप में देखने को
दुनिया जहान के तमाम दर्शनों से जूझकर
मैं तर्क नोचता आया हूँ-
उसके वजूद के अपने आसपास
होने की ज़रा सी फुसफुसाहट से
मेरी रुह पर फफोले पड़ने लगे हैं।
अपने ख़ुद के ही घर में
जिसके संभावित अक्स को देखकर
मैं रोया-रोया सहम गया हूँ-

वो अगर
मेरी दक़ियानूसी अबुद्धिवादी मॉ की तरह
पाँव मे आलता
माँग मे दूर तक सिंदूर भरे
पायल,बिछिया,चूड़ी-गहना लादे
साल में छत्तीस दफे आने वाली
चौथे-साते-अष्टमियों पर

गोबर पर चौक लगे आँगन में
कोई गुलाबी-सी साड़ी पहन
हाथ-जोड़कर
किसी सीता या सावित्री की
कोई घिसी-पिटी कहानी
कह-सुन नहीं रही होगी
तो मुझपे क्या बीत रही होगी
ये सोचता हूँ मैं!

या फिर अगर
किसी मूर्ति या पोस्टर के आगे खड़ी वो
मेरे सब घरवालों के साथ
पूजा का थाल उठाकर
किसी बाज़ारू अगरबत्ती के
ख़ुशबू वाले धुएँ और
किसी भूली सी आरती के
शुभ शब्द कहकर मेरे मकान की चहारदीवारी को
नहीं छू रही होगी
तो कितना
मरघट सा सन्नाटा
मेरे घर को दबोच चुका होगा-

मेरे मरहूम बाबा
जिनके प्राणों में भगवान यूँ बसे थे
कि मृत्यु से पूर्व की बीमारी में
लेटे-लेटे

बिजली चले जाने पर
ये कह उठते थे कि
"हे हनुमान जी
बिजली भेज दो।"

या फिर मेरी वो दादी जो
मौत से एक दिन पहले
मूच्छा में बड़बड़ा रही थीं
कि "सिन्हासन आ रहा है
मेरे रामजी आ रहे हैं

मै उनसे बोलूँगी नहीं
मेरी उनसे बहुत लड़ाई है!"

मेरे पिता
जिन्होंने जवानी से अब तक
न जाने कितने मंगलों-शनीचरों को
भूखे रहकर
शाम को याद से
सवा रुपये का प्रसाद
मंदिर मे चढ़ाया है
अगर उस घर में
उसने
सिर ढाँपकर
सिर्फ़ दिखाने भर को ही
उस एक किताब के सोपान नहीं उलटे

तो किस किस के
भग्न हृदय को मैं
सहलाता-पुचकारता फिरूँगा!

मेरे अंदर का विद्वान
जैसे नन्हा सा शिशु बन
रोना चाह रहा है
माँ की गोद में सिर रख।
काश! कोई आके
मेरे अंदर के नास्तिक के
परखच्चे उड़ा दे।
मैं किसी पगले, भोले, ज़ाहिल
अनपढ़, गँवार से हारना चाहता हूँ
क्योंकि

शायद
मेरा अस्तित्व
मेरे मन की निरंतरता का
बीज ही उस एक शब्द में है
जिसे मेरा दिमाग
झूठ कहता है।

सखा

ओ ग़रीब-गुरबा की लड़की

देख रहा हूँ तुझे-

छिजी हुई, टुकड़ों में बँटी

धूल में लिपटी!

देह ढोह के ले जाना चाहता हूँ तेरी

अपने दोनों हाथों में उठाकर

महा-ब्राह्मणों के घाट तक

परित्यक्त दुनिया के बीच

एकांत में

अंतिम वास में

धूलिवन्दन को!

तेरे वस्त्र दान में नहीं दे सकूंगा

मैं वापस सी ही नहीं सकूंगा उन्हें

ऐसे ही जैसे

नहीं एक कर पाऊँगा

तेरे इतने सारे अंग

पोस्ट-मार्टम वाले सूजे से भी

बखिया करके रातभर।

तू भी चल यूहीं
इस गठरी से जा पसर जा
लकड़ी के उस गट्टर पर
और
फुंक जाने दे शरीर।

क्या करेगी अब इसका?
किसी काम का न रहा-
कहीं मिट्टी में मिल रहेगा तो
हल-बैल चलके इससे बीज उगा लेंगे
पानी बरसने पर
किसी फल का गूदा हो जाएगी तू
चिड़ियाँ जिसे चख के मीठा कर देंगी एक दिन।

अभी क्या?

बहुत ही हताहत हो गई है तू!

पृथ्वी के सामंतों ने घेरकर वध किया है तेरा
उस हवा ने दला है
जो तेरे साथ छिड़े विश्व-युद्ध में
उन्हें साँस दे रही है।

मेरा तुझसे कोई परिचय नहीं है
फिर भी
मैं तुझसे प्रेम करने लगा हूँ

तबसे ही
जबसे तुझे जाना है
पता नहीं किसकी बतकही में
और कितनी असंख्य कथाओं में।

मुझे पता चला कि तेरे
बाल बहुत सूखे थे
तू जब हँसती थी
तो उनसे मिट्टी झड़ती थी
खांटी तेरे खेत की-

वही मिट्टी जिसमें पलकर
अन्न बड़ा हुआ जाने कितना
फिर
मल्टी-ग्रेन ब्रेड बनकर बिकने लगा
मेरे शहर के सुपर-स्टोर में।

मैं तुझे तेल लाके देता
तू कंघी करके चोटी गूंथती
फिर काम के वक़्त पीठ पर
खूब मचलकर ऊपर-नीचे होती
तेरी चोटी-

अभी टाट की गठरी में
संभली है ठस्स
कौन तरह

दिखाई भी नहीं पड़ती
जल्दी-बाजी में जो नज़र डालो अगर!

ओ लड़की!
मैं तेरे साथ आना चाहता हूँ
मैं तुझे अकेला नहीं छोड़ना चाहता
अकेले में तू बहुत भयभीत लगती है
तेरे बारे में सोच कर
मन शिथिल होने लगता है
मानसिक अवगमन में पहाड़ियों से गिरता
चोटें खाता-

जननांगों में कठोर पीड़ा होती है
मैं ग़फ़लत में ज़ख़्मी पड़ा होता हूँ
किसी चलती सड़क के किनारे निर्वस्त्र
और कुत्ते
अंडकोष नोचते अट्टहास कर भौंकते
विभक्त करते मुझे
दिखाई देते हैं।

क्या ऐसा ही कुछ होता है
पोस्ट रेप दैहिक अभिघात का दंश
पोस्ट रेप मानसिक आघात का
जीवन भर बिंधके रिसना
पोस्ट-पोस्ट,
मेरी दोस्त

तुझे यूँ मृत देख
मैं क्या करूँ?
इन सबसे दूर
मुक्त तू
पर मैं
लोक और मन बचाने अपना
ढूंढ रहा हूँ कोई रास्ता
दुःस्वप्न से बाहर आने का
क्या प्रेम में कोई ऐसा रास्ता है?
या फिर मृत्यु में?
अथवा बीच में ही कहीं!

मैं सड़ जाना चाहता हूँ
तेरी इस देह के साथ-
और कुछ समझ नहीं आता
सच्ची!

सोचता हूँ
रेल की पटरी पर बिछ जाऊँ बगल में
लोट जाऊँ बाद में घास पर
अपने सारे टुकड़े सजाकर

या फिर मन करता है कि
भिगो लूँ ख़ुद को
कोलतार में
और नग्न होकर दौड़ूं

काली लपटें उठाकर
गांव-भर के सामने-

किसी को दया आई
तो लटका देगा मुझे भी पेड़ पर
हर लेगा अंतिम दुःख
और मैं भी फिर तैयार हो जाऊँगा
यौन-तहक़ीक़ात करने को
अपने शरीर की खुरचन की!

मैं बस
किसी भी तरह
तेरे साथ रहना चाहता हूँ-
कि किसी दिन तुझे छूकर
पुनर्निर्मित कर सकूँ तेरी पीड़ा
किसी श्राद सी याद में
अपने जीवन के शुद्धि यज्ञ हेतु!

मैं तुझे ढूंढना चाहता हूँ
तेरी इस देह के उपरांत
हर उस जगह
जहाँ तू हो सकती है
यात्रा पर निकलना चाहता हूँ-

यदि निकल सका तो
शमशान घाटों में

हर एक चिता की एक-एक लकड़ी उठाकर

पहचानने की कोशिश करूंगा तुझे

भावों के सन्देश नोट कर लूंगा अपनी डायरी में

मिट्टी उखाड़ूँगा सारे मुल्क की कब्रों की

रंज के रेखाचित्रों के अभिलेख उकेर दूंगा

मजारों के पत्थरों पर-

न जाने कहाँ मिल जाये अब तू

अपने किस प्रतिरूप में?

नदी में उद्गम से मुहाने तक

तैर के देखूंगा

एक-एक शव को पलटके

तस्वीर लूंगा चेहरे की

इच्छाएँ पूछूंगा अतृप्त

ऐसे ही तुझे खोजते हुए

टटोल आऊंगा सारे समुद्र।

न जाने अब तू कैसी होकर मिले-

किसी घाट के किनारे के पत्थर के नीचे की बालू में ओझल

राख में तब्दील

पानी में बहती

वीराने में चलती किसी नौका की तली से चिपटी

अशेष-

घुलती हुई काई को अपना रंग सौंपती

या फिर किसी फैक्ट्री के पानी के झाग के ऊपर बैठी

इन्तज़ार करती

और घातक तेज़ाब में गलकर

सम्पूर्ण विनष्ट हो जाने का।

मैं बस तुझे इकट्ठा करना चाहता हूँ

बातें सन्देश अनुग्रह चिंताएं

हँसी सम्बन्ध पीड़ाएँ

सौभाग्य- हतभाग्य

पुकारें और स्वर

सभी सँजोकर

पृथ्वी पर हर जगह जाकर

संग्रहालय निर्मित करना चाहता हूँ

ताकि कुछ तो बचा सकूँ तुझे

आने वाले समय के लिए।

ओ सखी!

सब यात्राओं से लौटकर मैं

मैं तेरा चेहरा निर्मित करूँगा

जानता हूँ

नहीं वापस बना पाऊँगा

सुघड़ा रूप फिर भी

प्रार्थना सी कुछ करना चाहता हूँ

तेरी तस्वीर सामने रख

क्या तू कभी लौट सकेगी

किसी और जन्म में

शांति से जी सकेगी

इस लोक में

अपने आसपास साँस ले सकेगी

भय मुक्त

अपने घर

अपने धर्म में

मिलेगी जगह तुझे
मिलेगा स्नेह और साथ!

या फिर
अनंत तक
इस महायुध्द में
होती रहेगी हताहत?
नहीं जानता-
पर आज
मैं तेरी जाती हुई रूह को रोकना चाहता हूँ
अपनी रुँधी पुकार से
बताना चाहता हूँ कि
उसकी ओर से लड़ने वालों में
एक सिपाही और बढ़ गया है

मैं तेरे लिए इंसाफ मांगने
निकलना चाहता हूँ-
और कालांतर तक रहना चाहता हूँ
उसी मनोदशा में
शायद इसी में मेरी आत्मा की अंतिम शांति निहित हो।

www.ingramcontent.com/pod-product-compliance
Lightning Source LLC
Chambersburg PA
CBHW031604150726

47990CB00001B/471